WISSEN
Schritt für Schritt
Fresssen und gefressen werden
Lebensräume und Nahrungsketten
Ruth Owen
corona
Ars Scribendi Verlag

Originaltitel: Habitats and Food Chains, FUNdamental Science © 2016 Ruby Tuesday Books Ltd.

Übersetzung: Simone Mann, BVK Buch Verlag Kempen GmbH
Redaktion: Christina Klüyken / Sandy Willems-van der Gieth, BVK Buch Verlag Kempen GmbH
DTP deutsche Ausgabe: Freek Kuijstermans
Produktion Ruby Tuesday Books: Mark J. Sachner, Emma Randall, Judy Wearing und John Lingham
Gedruckt in China

ISBN 978-94-6341-417-3

Kontaktieren Sie lektorat@coronalesen.de oder besuchen Sie: **www.coronalesen.de**.
Fragen zu den Veröffentlichungen von Ars Scribendi richten Sie bitte an den Herausgeber.
Der Herausgeber übernimmt keine Verantwortung für Fehler oder Missverständnisse.

Rechenschaftspflicht
Der Herausgeber dankt den folgenden Personen und Organisationen für die Erlaubnis, ihr Material in dieser Publikation zu verwenden und zu reproduzieren: © Alamy: 5 (oben), 10 (unten), 21 (unten links), 26; © FLPA: 5 (unten), 9 (oben), 14 (oben), 15 (links), 16, 17 (oben), 17 (unten), 23, 31 (oben); © Istock Photo: 27 (oben); © Nature Picture Library: 8 (oben), 25 (Mitte); Photoshot: 20 (oben); © Science Photo Library: 19; © Shutterstock: Cover, 1, 2–3, 4, 6–7, 8 (unten), 9 (unten), 10 (oben), 11, 12–13, 14 (unten), 15 (rechts), 18, 20 (unten), 22, 24, 25 (oben), 25 (unten), 27 (unten), 28–29, 30, 31 (unten).

Mehr Informationen über unser Programm finden Sie auf **www.coronalesen.de**.
Bestellen können Sie über unsere Webseite oder über den (Online-)Buchhandel.

Dieses Logo bietet Erstlesern, leseschwachen Kindern, Lehrern und Lehrerinnen online eine zusätzliche Hilfe zu diesem Buch.

Verwenden Sie dafür den Code auf **www.coronalesen.de**

14173

Inhaltsverzeichnis

Einige Wörter sind **fett** gedruckt. Erklärungen findest du auf Seite 32 im Glossar.

Unter dem Namen

erscheinen Sachbücher für Kinder von 4 bis 14 Jahren.

Was ist ein Lebensraum?

Was haben ein Garten, ein Wald und die Wüste gemeinsam? Alle sind Lebensräume.

Ein Lebensraum ist eine natürliche Umgebung, in der Pflanzen, Tiere und andere Lebewesen leben.

Lebewesen in einem Garten bekommen alles von ihrem Lebensraum, was sie brauchen.

Diese Drossel frisst Schnecken. Sie zertrümmert das Schneckenhaus auf einer Steinplatte.

Was brauchen Pflanzen und Tiere von ihrem Lebensraum?

Lebensraum Garten

Vielleicht bemerkst du die Erde im Garten nicht, aber ohne sie könnten Pflanzen nicht wachsen.

Pflanzen nehmen Wasser und **Nährstoffe** über ihre Wurzeln aus der Erde auf.

Ein Rasen ist nicht nur eine Pflanze. Auf einem so großen Stück Rasen sind bis zu 10 verschiedene Graspflanzen.

Pflanzen stellen mit Hilfe von Luft und Sonnenlicht eigene Nahrung in ihren Blättern her.

Daraus nehmen sie die Energie, die sie zum Wachsen brauchen. Diesen Vorgang nennt man **Fotosynthese.**

Erforsche es!

Erstelle eine Karte deines Gartens oder des Schulhofes.

Du brauchst:
- kariertes Papier
- Buntstifte
- Kamera oder Handy

1. Miss zuerst die Größe des Gartens aus, indem du ihn mit großen Schritten abläufst. Beginne gleichzeitig mit deiner Zeichnung. Jeder Schritt entspricht einem Kästchen auf deinem Papier.
2. Zeichne nun die Bäume, das Gras und andere Pflanzen ein. Füge auch Details wie zum Beispiel Wege, einen Schuppen oder eine Terrasse hinzu.
3. Gehe auf Natur-Schatzsuche. Wenn du einen Vogel, eine Schnecke, eine Biene oder ein anderes Tier siehst, mache ein X an der Stelle auf deiner Karte.
4. Zeichne die Tiere und mache ein Foto von ihnen. Du kannst auch eine Strichliste anlegen.

Wo hast du die meisten Tiere gesehen? Warum ist das so?

Hast du ein Tier gesehen, das gerade gefressen hat?

Hast du ein Nest oder eine andere Tierbehausung gesehen?

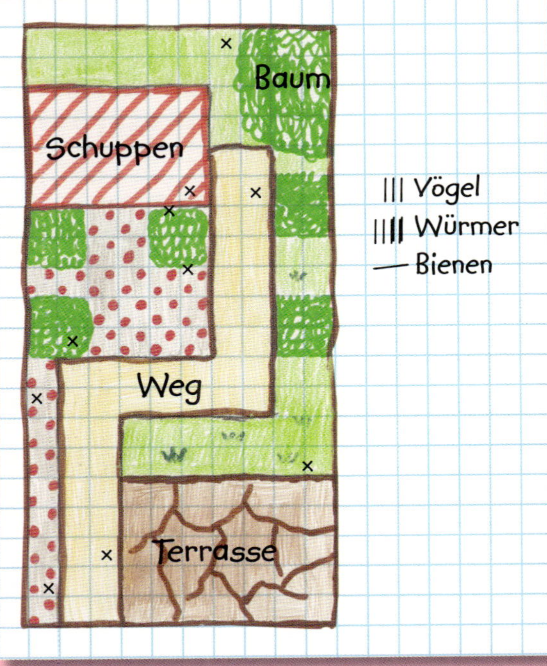

Im Garten zu Hause

Unter dem Rasen haben Ameisen ein Nest in die Erde gegraben.

Nachts kriechen Nacktschnecken durch den Garten und fressen Pflanzen.

Am Tag verstecken sie sich an dunklen, feuchten Orten, wie zum Beispiel unter Blumentöpfen.

Dieser Igel hat seinen Bau unter
einem Gartenschuppen gebaut.
Igel
In der Nacht geht der Igel auf
die Jagd nach **Beute.** Er frisst
Schnecken und Würmer.
Nacktschnecke
Igel sind **nachtaktiv.** Das
bedeutet, sie schlafen am
Tag und in der Nacht sind
sie wach.

Nahrung im Garten

Tiere bekommen Wasser und Nahrung von ihrem Lebensraum.

Vögel fressen Insekten und Samen.

Sonnenblumenkerne

Füchse jagen Mäuse, Kaninchen und andere kleine Tiere. Sie stehlen auch Essensreste aus Futterplätzen von Vögeln und Mülltonnen.

Fuchs

Was ist eine Nahrungskette?

Eine Nahrungskette zeigt, wer wen in einem Lebensraum frisst.

Das ist die Nahrungskette in einem Garten.

Die Pfeile bedeuten: „gefressen von".

Eine Pflanze ist ein **Produzent,** weil sie mit Hilfe von Sonnenlicht ihre eigene Nahrung herstellt.

Ein Tier ist ein **Konsument,** weil es Pflanzen oder andere Tiere konsumiert, also frisst.

Male es!

Schaue dir die Bilder an.

Kannst du sie in die richtige Reihenfolge bringen und eine weitere Nahrungskette im Garten erstellen?

Male und beschrifte deine Nahrungskette.

(Die Antwort findest du unten auf dieser Seite.)

Antwort: Pflanze → Nacktschnecke → Igel → Fuchs

Lebensraum Wald

Ein Wald ist ein Lebensraum, in dem viele Bäume nah beieinander wachsen.

In einem Wald siehst du womöglich folgende Blätter:

Buche

Eiche

Rosskastanie

Eine Kiefer hat dünne, nadelförmige Blätter.

In einigen Wäldern findest du Laubbäume, wie zum Beispiel Eichen und Buchen. Sie werfen ihre Blätter im Herbst ab.

In anderen Wäldern stehen Nadelbäume, wie zum Beispiel die Kiefer. Sie behalten das ganze Jahr über ihre Nadeln.

Nadelbäume

Farn

Der Farn und andere kleine Pflanzen wachsen auf dem Boden von Wäldern. Sie lieben den feuchten, schattigen Lebensraum.

Wer frisst wen?

Im Wald fressen Würmer tote Blätter, die von den Bäumen fallen.

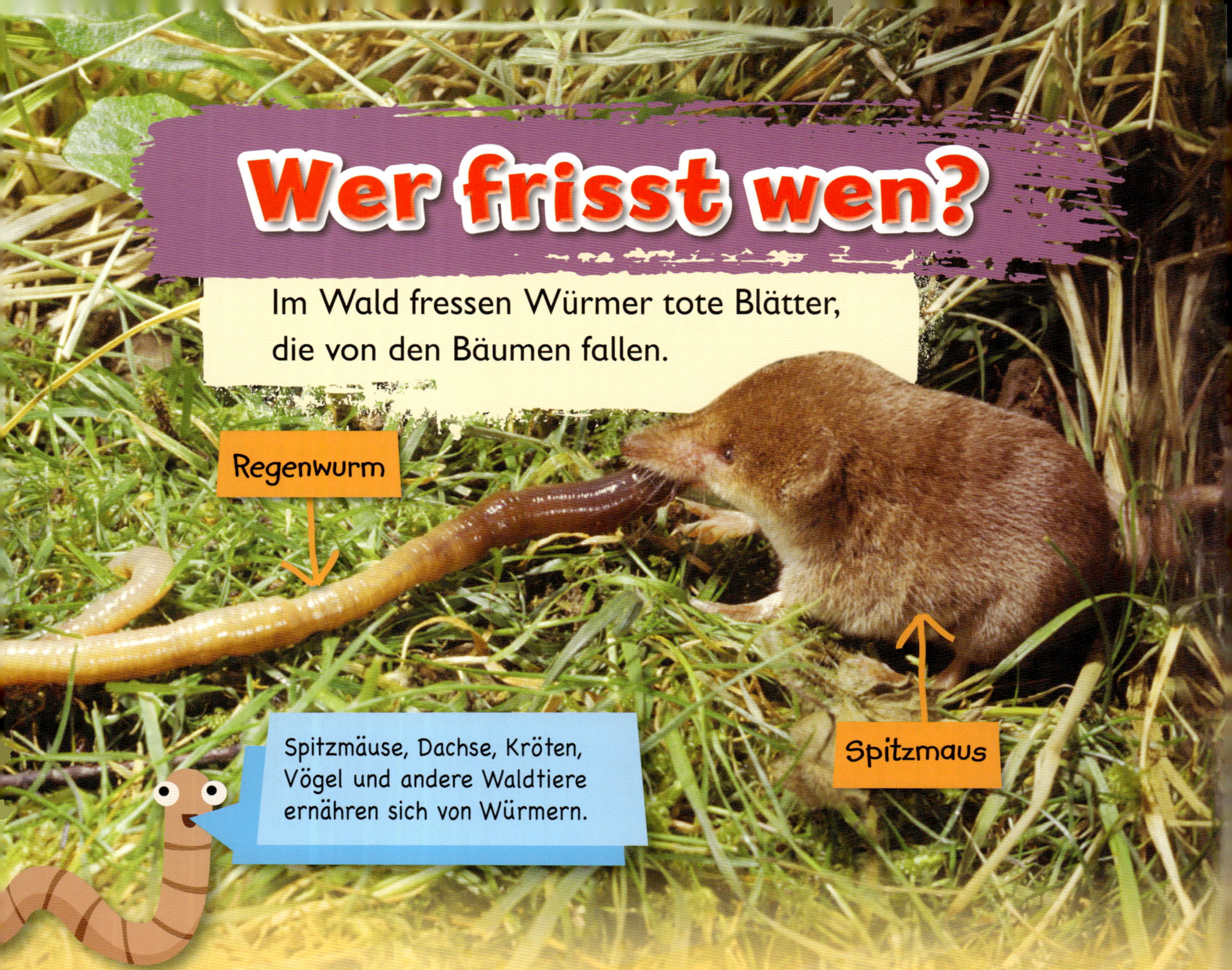

Regenwurm

Spitzmaus

Spitzmäuse, Dachse, Kröten, Vögel und andere Waldtiere ernähren sich von Würmern.

Der Waldkauz stößt auf der Jagd zwischen den Bäumen auf Mäuse, Kaninchen und kleine Vögel herab.

Waldkauz

Nahrungskette im Wald

Waldkauz

Spitzmaus

Regenwurm

Blätter

Lass uns reden

Wie kann ein alter, toter Baumstumpf für einen Waldkauz nützlich sein?

Nester im Wald

Ein Waldkauzweibchen legt seine Eier in einen hohlen Baumstumpf oder in Baumhöhlen.

Vielleicht siehst du dieses Tier, wenn du durch den Wald gehst.

Was ist es und was frisst es wohl?

Womöglich siehst du auch das hier am Boden.

Was könnte das sein?

(Die Antworten findest du unten auf dieser Seite.)

Antworten: Das Tier ist eine Raupe, aus der einmal ein Schmetterling werden wird. Er heißt Großer Gabelschwanz. Raupen ernähren sich von Blättern. Das untere Bild zeigt das Gewölle einer Eule. Wenn eine Eule ein Tier im Ganzen heruntergeschluckt hat, spuckt sie später die Knochen, Zähne und das Fell des Tieres wieder als Klumpen aus. Das nennt man Gewölle.

Kleine Lebensräume

In einem großen Lebensraum sind meistens noch viele kleinere Lebensräume.

Dieser zerfallene Baumstamm ist ein kleiner Lebensraum innerhalb des Lebensraums Wald.

Dort leben kleine Tiere und Pflanzen, wie zum Beispiel Moos.

Millionen winziger Tiere, die Bärtierchen, könnten im Moos auf einem Baumstamm leben. Sie ernähren sich vom Saft des Mooses.
Bärtierchen
Dieses Bild eines Bärtierchens wurde mit einem **Mikroskop** aufgenommen. In Wirklichkeit ist das Tier weniger als 1 mm groß.

Lebensraum Baumstumpf

Schaue unter einen zerfallenen Baumstumpf und eventuell siehst du Kellerasseln, Hundertfüßer, Käfer und Spinnen.

Kellerassel

Hundertfüßer

Kellerasseln ernähren sich von verrottetem Holz und abgestorbenen Pflanzen.
Hundertfüßer sind schnelle Jäger, die Kellerasseln und kleine Insekten fressen.

Nahrungskette auf einem Baumstumpf

zerfallenes Holz — Kellerassel — Hundertfüßer — Maus

Untersuche es!

Welchen Lebensraum mag eine Kellerassel?

Du brauchst:
- ein kleines Gefäß, ein Löffel und eine Zahnbürste
- 12 Kellerasseln
- einen Schuhkarton
- Watte
- Wasser
- Kieselsteine
- Frischhaltefolie
- einen Block und einen Stift

1. Suche etwa 12 Kellerasseln unter Baumstümpfen und Steinen. Nutze den Löffel und die Zahnbürste, um die Asseln *sanft* in das Gefäß zu bewegen. Frage einen Erwachsenen um Hilfe.

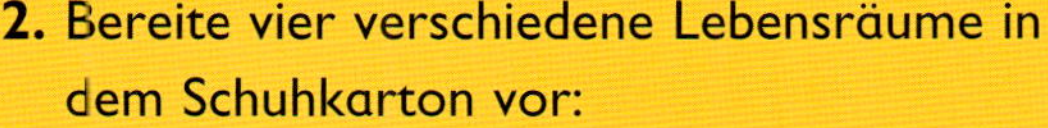

2. Bereite vier verschiedene Lebensräume in dem Schuhkarton vor:
- feuchte Watte mit Kieselsteinen darauf
- trockene Watte mit Kieselsteinen darauf
- feuchte Watte
- trockene Watte

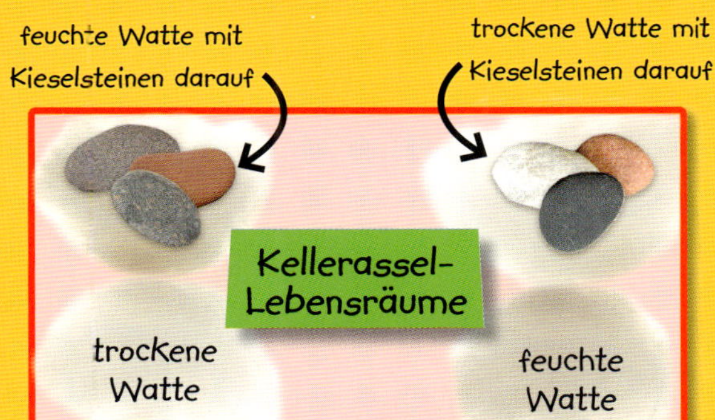

In welchem Lebensraum möchte die Kellerassel leben? Warum? Schreibe deine Vermutungen auf.

3. Setze die Kellerasseln vorsichtig in den Karton und bedecke ihn mit Frischhaltefolie.

4. Beobachte die Kellerasseln. Was tun sie? Überprüfe die Lebensräume nach 30 Minuten erneut.

Welcher Lebensraum ist der beliebteste?

Passen die Ergebnisse zu deinen Vermutungen?

Was sagen die Ergebnisse über die Kellerassel aus?

5. Bringe die Kellerasseln *vorsichtig* zu dem Ort zurück, an dem du sie gesammelt hast.

(Die Antworten findest du unten auf dieser Seite.)

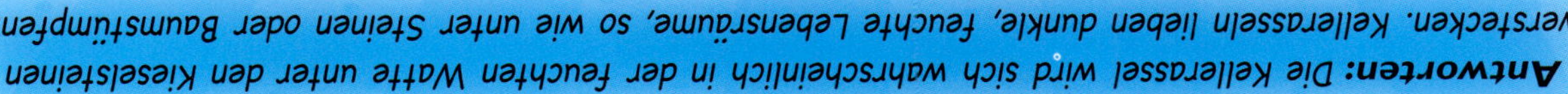

Antworten: *Die Kellerassel wird sich wahrscheinlich in der feuchten Watte unter den Kieselsteinen verstecken. Kellerasseln lieben dunkle, feuchte Lebensräume, so wie unter Steinen oder Baumstümpfen.*

Lebensraum Gezeitentümpel

Schaue in einen Gezeitentümpel am Strand und du erblickst einen kleinen Lebensraum.

Grünes, rotes und braunes Seegras klammert sich an die Steine im Tümpel.

Seegras sieht wie eine Pflanze aus, es ist aber in Wirklichkeit eine **Alge.** Wie Pflanzen stellt Seegras eigene Nahrung mit Hilfe von Sonnenlicht her.

Ein Gezeitentümpel ist der Lebensraum von winzigen Algen und Tieren, die man **Plankton** nennt.

Bereits ein Liter Wasser aus einem Gezeitentümpel beherbergt sehr viel Plankton.

Lebewesen im Gezeitentümpel

Muscheln, Napfschnecken und winzige Seepocken klammern sich an Steine, die den Rand eines Gezeitentümpels bilden.

Napfschneckenhäuser

Bei Flut sind die Steine und Tiere mit Meerwasser bedeckt.

Die Napfschnecken bewegen sich unter Wasser und ernähren sich von Seegras.

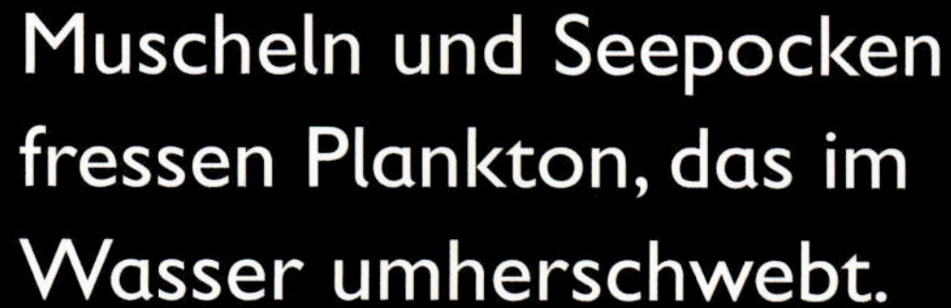

Muscheln und Seepocken fressen Plankton, das im Wasser umherschwebt.

Beine

Seepocke

Wenn sie unter Wasser ist, öffnet die Seepocke ihren Deckel. Dann fängt sie mit ihren Beinen Plankton aus dem Wasser.

Was glaubst du, ist mit diesen Seepocken passiert?

Jäger im Gezeitentümpel

Auch **Raubtiere** leben im Gezeitentümpel, zum Beispiel Purpurschnecken und Seesterne. Sie jagen nach Beute wie Seepocken und Muscheln.

Eine Purpurschnecke sticht mit ihrer langen Raspelzunge in die Schale der Seepocke. Dann frisst sie das weiche Innere.

Wie frisst ein Seestern eine Muschel?

Nahrungskette im Gezeitentümpel

Plankton

Muschel

Seestern

Möwe

Lebensraum Wüste

Die Wüste ist ein Lebensraum, in dem wenig Regen oder Schnee fällt.

In der Sonora-Wüste (Mexiko und USA) kann das Wetter sehr trocken sein und es ist brennend heiß.

Sonora-Wüste in den USA

Kaktus

dicker, runder Stamm

In der Wüste wachsen Pflanzen, die man Kakteen nennt.

Wenn es regnet, nimmt der Kaktus das Wasser mit seinen Wurzeln auf.

Er speichert das Wasser in seinem Stamm – manchmal jahrelang!

Vögel, Fledermäuse und Insekten ernähren sich von dem süßen **Nektar** der Blüten des Saguaros.

Die meisten Kakteen haben spitze Stacheln.

Überleben in der Wüste

Wie überleben Tiere in der Sonora-Wüste?

Im Sommer ist es so heiß in der Wüste, dass die Gopherschildkröte unter der Erde in ihrer Höhle bleibt.

Die Schildkröte braucht mehrere Monate nichts zu essen oder zu trinken.

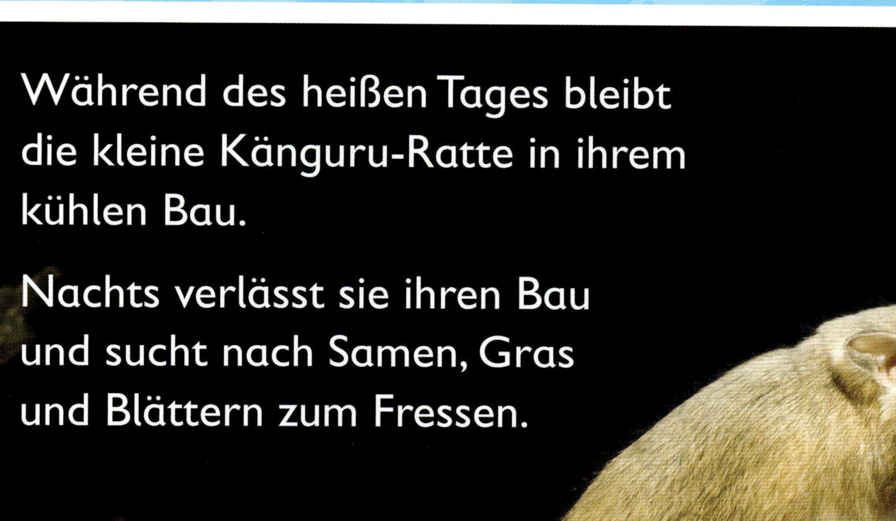

Während des heißen Tages bleibt die kleine Känguru-Ratte in ihrem kühlen Bau.

Nachts verlässt sie ihren Bau und sucht nach Samen, Gras und Blättern zum Fressen.

Um Raubtieren wie Klapperschlangen und Rotluchsen zu entkommen, kann eine Känguru-Ratte mit einem Sprung 1,8 Meter weit springen.

Zeichne es!

Kannst du diese Lebewesen in die richtige Reihenfolge bringen und eine Nahrungskette erstellen?

Male und beschrifte deine Nahrungskette.

(Die Antwort findest du unten auf dieser Seite.)

Känguru-Ratte

Pflanzen

Rotluchs

Klapperschlange

Antwort: Pflanzen → Känguru-Ratte → Klapperschlange → Rotluchs

Glossar

Alge
Ein Lebewesen, das wie eine Pflanze aussieht und hauptsächlich im Wasser wächst und lebt.

Beute
Ein Tier, das von einem anderen Tier gejagt wird, um es zu fressen.

Fotosynthese
So nennt man den Vorgang, wenn Pflanzen mit Hilfe von Sonnenlicht und Wasser Energie herstellen und Kohlenstoffdioxid in Sauerstoff umwandeln.

Konsument
So nennt man Lebewesen, die ein ein Produkt, zum Beispiel Nahrung, nutzen.

Larve
So heißt das Jungtier zum Beispiel eines Insekts, Frosches oder Fisches, wenn es gerade aus dem Ei geschlüpft ist.

Mikroskop
Ein Gerät, mit dem man Dinge sehen kann, die man mit bloßem Auge nicht erkennt.

nachtaktiv
Lebewesen, die nachts aktiv sind und tagsüber schlafen.

Nektar
Ein süßer Saft, der in Blumen oder Kakteen entsteht. Insekten und Vögel trinken ihn.

Nährstoff
Ein Lebewesen braucht Nährstoffe, um zu wachsen und gesund zu bleiben.

Plankton
Winzige Lebewesen, die im Wasser umherschweben.

Produzent
So nennt man ein Lebewesen, das etwas herstellt. Pflanzen und Menschen stellen zum Beispiel Nahrung her.

Raubtier
Ein Tier, das ein anderes Tier jagt, um es zu fressen.

Index